La Alquimia del Té Curativo

100 recetas para transformar cada taza en un ritual de bienestar y armonía

Alejandro Lozano

Material con derechos de autor ©2025

Reservados todos los derechos

Sin el debido consentimiento por escrito del editor y propietario de los derechos de autor, este libro no se puede utilizar ni distribuir de ninguna manera, excepto por breves citas utilizadas en una reseña. Este libro no debe considerarse un sustituto del asesoramiento médico, legal o de otro tipo profesional.

TABLA DE CONTENIDO

TABLA DE CONTENIDO 3
INTRODUCCIÓN 6
  1. Té para infecciones de la vejiga 7
  2. Té de azules 9
  3. Té para la congestión bronquial 11
  4. Té de raíces y equinácea 13
  5. Té de raíces del bosque 15
  6. Té de raíces de malvavisco, bardana y diente de león ... 17
  7. Té de raíz de angélica y bálsamo de limón 19
  8. Té para dormir de artemisa y raíz de valeriana 21
  9. Deja de tomar ese té para la tos 23
  10. Té de raíz de malvavisco 25
  11. Té helado de jengibre y naranja 27
  12. Té curativo de jengibre 29
  13. Té de hierbas moderno 31
  14. Té Remedy de lúpulo y centella asiática 33
  15. Mezcla de temporada de alergias 35
  16. Té de mezcla de Afrodita 37
  17. Té constructor de sangre de muelle amarillo 39
  18. Flores de té saludable 41
  19. Té para la salud de los senos 43
  20. Té para resfriados y gripe 45
  21. Té de hierba de San Juan y flores de tilo 47
  22. Mezcla de té de reposo 49
  23. Té de hierba gatera y verbena 51
  24. Té de mezcla intermitente 53
  25. Té de barriga feliz 55
  26. Té para el insomnio 57
  27. Té menos estresante 59
  28. Té suave para el estado de ánimo 61
  29. Mezcla de sabor a memoria 63
  30. Té para la migraña 65
  31. Té Moon Easy 67
  32. Mis nervios están disparados Té 69
  33. Té de concentración natural 71
  34. Flores de clavo y té de manzanilla para las náuseas ... 73
  35. Té de hierba de San Juan y valeriana 75
  36. Té de lúpulo, ortiga y hojas de fresa 77
  37. Hojas de frambuesa y té de hierba gatera 79
  38. Té de tiempo tranquilo con orégano y bálsamo de limón ... 81

39. Té relajante de bálsamo de limón 83
40. Té calmante de hisopo 85
41. Té de bálsamo de limón para el nerviosismo 87
42. Té para el abdomen con menta 89
43. Té de menta y bálsamo de limón 91
44. Té de la Mujer Sabia 93
45. Combinación de epilepsia de valeriana y escutelaria 95
46. Té de manzanilla para la acidez estomacal 97
47. Té Memory Minder de Gingko Biloba 99
48. Té para dormir con lúpulo para bebés 101
49. Té domador de depresión de mosto 103
50. Té de naranja y menta 105
51. Té helado de granada 107
52. Té helado de frambuesa y albahaca 109
53. Té helado de frambuesa y manzanilla 111
54. Té helado de uva y frambuesa 113
55. Refresco de frambuesa y hibisco 115
56. Té helado espumoso de arándanos 117
57. Té helado de manzana con gas 119
58. Té de manzana espumoso 121
59. Té espumoso de arándanos 123
60. Té verde de fresa 125
61. Té helado de fresa y limón 127
62. Té de fresa y mandarina 129
63. Té de naranja de verano 131
64. Té helado de mandarina y lavanda. 133
65. Té helado de mandarina y fresa 135
66. Té helado de lima y pepino 137
67. Té helado de lima 139
68. Té verde de mango 141
69. Té de arce y frambuesa 143
70. Té de arándanos de mamá 145
71. Té helado tropical 147
72. Té de vainilla y jazmín 149
73. Té solar helado de cítricos 151
74. Té helado de jengibre y piña 153
75. Té de hibisco y granada. 155
76. Té de jazmín con leche de almendras 157
77. Té helado de rúcula y menta 159
78. Té de Cayena 161
79. té de Malasia 163
80. Té de canela y caramelo 165

81. Té de naranja y nuez moscada 167
82. Té de Saigón 169
83. Té masala 171
84. té ruso 173
85. Chai Kurdi 175
86. Té helado de pera y canela 177
87. Té de naranja con clavo y nuez moscada 179
88. Spritzer de semillas de chía y coco 181
89. Té de semillas de eneldo 183
90. Té de semillas de cilantro 185
91. Té de loto caliente 187
92. Té de semillas de lavanda e hinojo 189
93. Té carminativo de semillas de hinojo 191
94. Té de manzanilla y alcaravea angélica 193
95. Té de rosa mosqueta y semillas de cilantro 195
96. Alivio especiado de semillas de anís 197
97. Té con leche de coco 199
98. Té curativo de limón y menta 201
99. Té de sol con cítricos 203
100. Té de epazote 205

CONCLUSIÓN **207**

INTRODUCCIÓN

Descubre el poder transformador del té a través de 100 recetas curativas diseñadas para nutrir mente cuerpo y espíritu. En La Alquimia del Té Curativo cada infusión se convierte en una obra de arte que fusiona la tradición ancestral con innovadoras técnicas modernas, creando auténticos elixires de serenidad y vitalidad. Este libro te invita a sumergirte en un viaje sensorial en el que cada sorbo te conecta con la esencia de la naturaleza y te ayuda a construir rituales diarios que restauran el equilibrio y la paz interior. Deja que cada receta te inspire a transformar tu cocina en un santuario de bienestar y a disfrutar de momentos inolvidables llenos de sabor y armonía.

1. Té para infecciones de vejiga

MARCAS: 2

INGREDIENTES
- 1 ½ onzas de vara de oro seca
- 1/4 onzas de bayas de enebro
- ¾ de onza de raíz de diente de león picada
- ¾ de onza de escaramujos picados

INSTRUCCIONES:
- ☑ Vierta 1 taza de agua hirviendo sobre 2 cucharaditas de la mezcla.
- ☑ Deje reposar durante 10 minutos y cuele.
- ☑ Bebe una taza.

2. Té azul

MARCAS: 2

INGREDIENTES
- 1 parte de hojas de ortiga,
- 1 parte de tapas de hierba de San Juan
- 2 partes de menta verde
- 1 parte de hojas de damiana
- 1 parte de raíz de kava kava
- una pizca de stevia

INSTRUCCIONES:
- ☑ Coloque todas las hierbas en una bolsita de té, colóquelas en una taza y cúbralas con agua hirviendo.
- ☑ Deje reposar durante 10 minutos.
- ☑ Retire la bolsita de té y agregue el edulcorante.

3. **Té para la congestión bronquial**

MARCAS: 2

INGREDIENTES
- 1 ½ onzas de anís
- 1 onza de flores de caléndula
- 3/4 onzas de raíz de malvavisco
- 1/3 onzas de raíz de regaliz

INSTRUCCIONES:
- ☑ Triture las semillas de anís y agréguelas a las hierbas.
- ☑ Vierta 1 taza de agua hirviendo sobre 1 cucharadita de la mezcla.
- ☑ Cubra y deje reposar durante 10 minutos.

4. Té de Equinácea y Raíces

MARCAS: 2

INGREDIENTES
- 1 parte de raíz de equinácea purpurea
- Pau d'arco de 1 parte
- 1 parte de raíz de diente de león cruda, asada
- 1 parte de corteza de zarzaparrilla
- 1 parte de cortezas de canela
- 1 parte de raíz de jengibre
- Raíces de bardana de 1 parte
- 1 parte de corteza de sasafrás
- una pizca de stevia

INSTRUCCIONES:
- ☑ Coloque todas las hierbas en una bolsita de té, colóquelas en una taza y cúbralas con agua hirviendo.
- ☑ Deje reposar durante 10 minutos.
- ☑ Retire la bolsita de té y agregue el edulcorante.

5. Té de raíces del bosque

MARCAS: 2

INGREDIENTES
- 1 parte de equinácea purpurea
- 1 parte de helenio
- 1 parte de jengibre
- 1 parte de cada raíz de pleuresía y regaliz
- Corteza de roble blanco de 1 parte
- 1 parte de corteza de canela
- 1 parte de cada cáscara de naranja y semillas de hinojo

INSTRUCCIONES:
- ☑ Coloque todas las hierbas en una bolsita de té.
- ☑ Colóquelo en una taza y cubra con agua hirviendo.
- ☑ Deje reposar durante 10 minutos.
- ☑ Retire la bolsita de té y agregue el edulcorante.

6. Té de raíces de malvavisco, bardana y diente de león

MARCAS: 2

INGREDIENTES
- 1 parte de ginseng siberiano
- 1 parte de raíz de diente de león
- 1 parte de ortiga
- 1 parte de cada raíz de malvavisco y bardana
- 1 parte de cada una de las bayas de espino y palma enana americana
- 1 parte de semillas de hinojo
- 1 parte de avena salvaje
- una pizca de stevia

INSTRUCCIONES:
- ☑ Coloque todas las hierbas en una bolsita de té, colóquelas en una taza y cúbralas con agua hirviendo.
- ☑ Deje reposar durante 10 minutos.
- ☑ Retire la bolsita de té y agregue el edulcorante.

7. Té de raíz de angélica y melisa

HACE: 1

INGREDIENTES
- 1 cucharadita de raíz de angélica
- 2 cucharaditas de hojas de bálsamo de limón
- ½ cucharadita de semilla de hinojo

INSTRUCCIONES:
- ☑ Lleve la raíz de angélica a fuego lento en 4 tazas de agua.
- ☑ Apague el fuego y agregue bálsamo de limón y limón.
- ☑ Deje reposar durante 10 minutos y cuele.

8. <u>Té para dormir de artemisa y raíz de valeriana</u>

MARCAS: 2

INGREDIENTES
- 2 cucharadas de lúpulo
- 1 cucharadita de lavanda
- 1 cucharadita de romero
- 1 cucharadita de tomillo
- 1 cucharadita de artemisa
- 1 cucharadita de salvia
- 1 pizca de raíz de valeriana

INSTRUCCIONES:
- ☑ Toma una cucharadita de la mezcla y viértela en 1 taza de agua caliente.
- ☑ Deje reposar durante 3 minutos y luego cuele.

9. Detén ese té para la tos

MARCAS: 2

INGREDIENTES
- 1 cucharada de olmo resbaladizo
- 1 cucharada de gordolobo
- 1 cucharada de hierba gatera
- 1 cucharada de corteza de raíz de regaliz

INSTRUCCIONES:
- ☑ Primero hierva la corteza en dos tazas de agua durante 10 minutos.
- ☑ Coloca el resto de las hierbas en un filtro de café y coloca el filtro en un colador.
- ☑ Cuele el té de regaliz a través del colador en una taza y bébalo.
- ☑ Se puede agregar miel y limón.

10. Té de raíz de malvavisco

MARCAS: 2

INGREDIENTES:
- 3 partes de raíz de malvavisco orgánico
- 2 partes de capullos de rosa orgánicos
- 2 partes de albahaca santa Vana orgánica
- 1 parte de canela casia orgánica en polvo

INSTRUCCIONES:
- ☑ Licúa todas las hierbas en un bol.
- ☑ Lleve el agua a fuego lento.
- ☑ Coloca la mezcla en un colador de té.
- ☑ Vierta agua sobre la mezcla de té, cubra y déjela reposar durante 10 minutos.
- ☑ Utilice 1/4 de taza de mezcla de té por cada taza preparada.

11.Té helado de jengibre y naranja

MARCAS: 8 PORCIONES

INGREDIENTES:
- 1/2 taza de miel de abeja
- 1/2 limón, en jugo
- Raíz de jengibre de 1 pulgada, pelada y cortada
- 4 bolsitas de té de naranja
- 4 bolsitas de té
- 6 tazas de agua hirviendo
- Agua fría, según sea necesario

INSTRUCCIONES:
- ☑ Coloque las bolsitas de té y el agua hirviendo en una jarra; luego, dejar reposar durante aproximadamente media hora.
- ☑ Saca las bolsitas de té y mezcla con el resto de los ingredientes.
- ☑ Sirva frío sobre hielo.

12.Té de jengibre curativo

MARCAS: 2

INGREDIENTES
- 2 tazas de agua
- 4 cucharadas de raíz de jengibre, rallada

INSTRUCCIONES:
- ☑ Colocar en una cacerola con tapa, llevar a ebullición, apagar el fuego y dejar reposar durante dos horas.
- ☑ Vuelva a calentar el té, cuele la hierba del té y bébalo.

13.Té de hierbas moderno

MARCAS: 2

INGREDIENTES
- 1 parte de flores de trébol rojo
- 1 parte de hojas de ortiga
- Pau d'Arco de 1 parte
- 1 parte de hojas de alfalfa y salvia
- 1 parte de tapas de hierba de San Juan
- 1 parte de raíz de jengibre

INSTRUCCIONES:
- ☑ Coloque todas las hierbas en una bolsita de té.
- ☑ Colóquelo en una taza y cubra con agua hirviendo.
- ☑ Deje reposar durante 10 minutos.
- ☑ Retire la bolsita de té y agregue el edulcorante.

14. Té Remedy de lúpulo y centella asiática

MARCAS: 2

INGREDIENTES
- 1 cucharadita de lúpulo
- 1 cucharadita de centella asiática

INSTRUCCIONES:
- ☑ Ponga a hervir 1 1/2 tazas de agua.
- ☑ Coloca las hierbas en el interior.
- ☑ Coloque una tapa hermética y déjela reposar durante 5 minutos.
- ☑ Beber dos veces al día.

15.Mezcla de temporada de alergias

MARCAS: 2

INGREDIENTES
- 1 parte de ortiga
- 1 parte de menta
- 1 parte de menta verde
- 1 parte de yerba santa
- eufrasia en 1 parte
- 1 palmadita de hojas de limoncillo
- caléndula 1 parte
- trébol rojo de 1 parte
- 1 parte de flores de lavanda
- 1 parte de semillas de hinojo
- una pizca de stevia

INSTRUCCIONES:
- ☑ Coloque todas las hierbas en una bolsita de té.
- ☑ Colóquelo en una taza y cubra con agua hirviendo.
- ☑ Deje reposar durante 10 minutos.
- ☑ Retire la bolsita de té y agregue el edulcorante.

16.Té de mezcla de Afrodita

MARCAS: 2

INGREDIENTES
- 1 parte de hojas de Damiana
- Pétalos de rosa de 1 parte
- 1 parte de hojas de menta
- muira puama de 1 parte
- 1 parte de hojas de gingko
- 1 parte de cáscara de naranja
- 1 parte de chips de corteza de canela
- pizca de stevia.

INSTRUCCIONES:
- ☑ Coloque todas las hierbas en una bolsita de té.
- ☑ Colóquelo en una taza y cubra con agua hirviendo.
- ☑ Deje reposar durante 10 minutos.
- ☑ Retire la bolsita de té y agregue el edulcorante.

17. Té constructor de sangre de muelle amarillo

MARCAS: 3 TAZAS

INGREDIENTES
- 1 cucharadita de escaramujo triturado
- 1 cucharadita de rusco
- 1 cucharadita de Muelle Amarillo

INSTRUCCIONES:
- ☑ Ponga a hervir 3 1/2 tazas de agua.
- ☑ Retire el agua del fuego y agregue las hierbas.
- ☑ Coloque una tapa hermética sobre la olla.
- ☑ Deje reposar la mezcla durante cinco a diez minutos.
- ☑ Beba una taza tres veces al día.

18. Flores de té de salud

MARCAS: 2

INGREDIENTES
- 1 parte de hojas de ginkgo
- Tapas de trébol rojo de 1 parte
- 1 parte de hojas de ortiga
- 1 parte de hojas dulces de pradera
- caléndula de 2 partes
- manzanilla 2 partes
- flores de lavanda de 2 partes
- 1 parte de hojas de centella asiática
- una pizca de stevia.

INSTRUCCIONES:
- ☑ Coloque todas las hierbas en una bolsita de té.
- ☑ Colóquelo en una taza y cubra con agua hirviendo.
- ☑ Deje reposar durante 10 minutos.
- ☑ Retire la bolsita de té y agregue el edulcorante.

19. Té para la salud de los senos

MARCAS: 2

INGREDIENTES
- caléndula de 2 partes
- trébol rojo de 2 partes
- cuchillas de 1 parte
- manto de dama de 1 pieza
- Menta verde o hierbabuena

INSTRUCCIONES:
- ☑ Deje reposar durante la noche en 4 tazas de agua.
- ☑ Beba 4 tazas al día.

20. Té para resfriados y gripe

MARCAS: 2

INGREDIENTES
- 1 onza de hojas de mora
- 1 onza de flores de saúco
- 1 onza de flores de tilo
- 1 onza de hojas de menta

INSTRUCCIONES:
- ☑ Vierta 1 taza de agua hirviendo sobre 2 cucharadas de la mezcla.
- ☑ Cubra y deje reposar durante 10 minutos; cepa.

21. Té de hierba de San Juan y flores de tilo

MARCAS: 2

INGREDIENTES
- 1/3 onza de hierba de San Juan
- 2/3 onzas de tomillo
- 2/3 onzas de flores de tilo

INSTRUCCIONES:
- ☑ Deje reposar durante 7 minutos en 1 taza de agua caliente y luego cuele.
- ☑ Endulzar si es necesario.

22. Mezcla de té de reposo

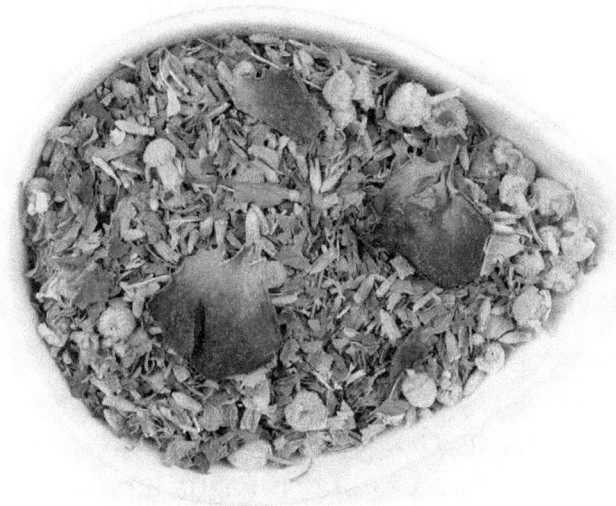

MARCAS: 2

INGREDIENTES
- rosas de 1 parte
- 1 parte de flores de lavanda
- 1 parte de hojas de hierbaluisa
- 1 parte de flores de manzanilla
- 1 parte de cada una de las hojas de menta y hierbabuena
- flores de malva azul de 1 parte
- pizca de stevia

INSTRUCCIONES:
- ☑ Coloque todas las hierbas en una bolsita de té.
- ☑ Colóquelo en una taza y cubra con agua hirviendo.
- ☑ Deje reposar durante 10 minutos.
- ☑ Retire la bolsita de té y agregue el edulcorante.

23. Té de hierba gatera y verbena

HACE: 1

INGREDIENTES
- 1 cucharadita de hierba gatera seca
- 1 cucharadita de verbena seca

INSTRUCCIONES:
☑ Vierta 2 tazas de agua hirviendo sobre las hierbas.
☑ Deje reposar durante 10 minutos y cuele.

24. Té de mezcla de destellos

MARCAS: 2

INGREDIENTES
- 1 parte de salvia
- agripalma de 1 parte
- 1 parte de diente de león
- 1 parte de pamplina y hojas de violeta
- 1 parte de cada flor de saúco y paja de avena

INSTRUCCIONES:
- ☑ Coloque todas las hierbas en una bolsita de té.
- ☑ Colóquelo en una taza y cubra con agua hirviendo.
- ☑ Deje reposar durante 10 minutos.
- ☑ Retire la bolsita de té y agregue el edulcorante.

25. Té de barriga feliz

MARCAS: 2

INGREDIENTES
- 1 parte de hierba gatera
- 1 parte de hojas de menta verde y limoncillo
- flores de caléndula de 1 parte
- casquete de 1 pieza
- 1 parte de hojas de romero y salvia
- 1 parte de semillas de hinojo

INSTRUCCIONES:
- ☑ Coloque todas las hierbas en una bolsita de té.
- ☑ Colóquelo en una taza y cubra con agua hirviendo.
- ☑ Deje reposar durante 10 minutos.
- ☑ Retire la bolsita de té y agregue el edulcorante.

26. Té de insomnio

MARCAS: 2

INGREDIENTES
- 1 ½ onzas de hojas secas de verbena
- 1 onza de manzanilla
- ½ onzas de menta verde

INSTRUCCIONES:
- ☑ Mezclar todo y agregar a 1 taza de agua hirviendo.
- ☑ Deje reposar durante 8 minutos; cepa.

27.Té menos estresante

MARCAS: 2

INGREDIENTES
- 1 parte de manzanilla
- 1 parte de menta
- flores de caléndula de 1 parte

INSTRUCCIONES:
- ☑ Coloque todas las hierbas en una bolsita de té.
- ☑ Colóquelo en una taza y cubra con agua hirviendo.
- ☑ Deje reposar durante 10 minutos.
- ☑ Retire la bolsita de té y agregue el edulcorante.

28.Té de humor suave

HACE: 4

INGREDIENTES
- 1 cucharadita de flores de manzanilla
- 1 cucharadita de espigas de lavanda
- 1 cucharadita de hojas de kava
- 1 cucharadita de hojas de melisa
- 1 cucharadita de mejorana
- 1 ramillete de flores de valeriana
- 4 tazas de agua hervida

INSTRUCCIONES:
- ☑ En una cacerola, remoje todo en el agua hervida.
- ☑ Cuele el material vegetal.
- ☑ Beba el té caliente o frío.

29.Mezcla de sabor a memoria

MARCAS: 2

INGREDIENTES
- ginkgo de 1 parte
- 1 parte de centella asiática y hojas de menta
- Tapas de trébol rojo de 1 parte
- 1 parte de hojas de romero
- 1 parte de raíz de jengibre
- una pizca de stevia.

INSTRUCCIONES:
- ☑ Coloque todas las hierbas en una bolsita de té.
- ☑ Colóquelo en una taza y cubra con agua hirviendo.
- ☑ Deje reposar durante 10 minutos.
- ☑ Retire la bolsita de té y agregue el edulcorante.

30.Té de migraña

MARCAS: 2

INGREDIENTES
- 1 2/3 onzas de hierba de San Juan seca
- 1 onza de valeriana
- 1 onza de flores de tilo
- 1/4 onzas de bayas de enebro

INSTRUCCIONES:
- ☑ Deje reposar durante 10 minutos en 1 taza de agua caliente.
- ☑ Colar y servir.

31. Té de facilidad lunar

MARCAS: 2

INGREDIENTES
- corteza de calambre de 2 partes
- 1 parte de bayas del árbol casto
- 1 parte de cada hoja de menta verde y escutelaria
- 1 parte de raíz de malvavisco
- 1 parte de hierba pasiflora
- 1 parte de raíz de jengibre

INSTRUCCIONES:
- ☑ Coloque todas las hierbas en una bolsita de té.
- ☑ Colóquelo en una taza y cubra con agua hirviendo.
- ☑ Deje reposar durante 10 minutos.
- ☑ Retire la bolsita de té y agregue el edulcorante.

32.Mis nervios están disparados Té

MARCAS: 2

INGREDIENTES
- 2 partes de manzanilla
- 1 parte de jazmín
- Lúpulo de 1 parte
- 1 parte de lavanda
- 1 parte de yerba santa
- Gota Kola de 1 parte
- 1 parte de hierba de San Juan

INSTRUCCIONES:
- ☑ Coloque todas las hierbas en una bolsita de té, colóquelas en su taza más bonita y cúbralas con agua hirviendo.
- ☑ Deje reposar durante 10 minutos.
- ☑ Retire la bolsita de té y agregue el edulcorante.

33.Té de concentración natural

MARCAS: 2

INGREDIENTES
- 1 parte de caléndula
- 1 parte de menta,
- 1 parte de flores de salvia
- 1 parte de hojas de milenrama

INSTRUCCIONES:
- ☑ Coloque todas las hierbas en una bolsita de té.
- ☑ Colóquelo en una taza y cubra con agua hirviendo.
- ☑ Deje reposar durante 10 minutos.
- ☑ Retire la bolsita de té y agregue el edulcorante.

34.Té de flores de clavo y manzanilla para las náuseas

MARCAS: 2

INGREDIENTES
- ½ cucharadita de raíz de jengibre seca
- ½ cucharadita de flores de clavo
- 1 cucharadita de flores de manzanilla

INSTRUCCIONES:
- ☑ Vierta 1 taza de agua hirviendo sobre las hierbas.
- ☑ Dejar reposar durante 10 minutos, colar y dejar enfriar.

35.Té de hierba de San Juan y valeriana

MARCAS: 2

INGREDIENTES
- 1 1/3 onzas de hierba de San Juan
- 1 onza de hojas de bálsamo de limón
- 1 onza de valeriana

INSTRUCCIONES:
- ☑ Deje reposar durante 10 minutos en 1 taza de agua caliente.
- ☑ Colar y endulzar si es necesario.
- ☑ Beber antes de acostarse.

36.Té de lúpulo, ortiga y hojas de fresa

HACE: 4

INGREDIENTES
- 4 tazas de agua hirviendo
- 1 cucharadita de lúpulo seco
- 1 cucharadita de ortiga
- 1 cucharadita de pétalos de rosa frescos
- 1 cucharadita de hojas secas de fresa
- 1 cucharadita de hojas de nuez fresca
- 3 cucharadas de hojas secas de salvia

INSTRUCCIONES:
- ☑ Combine todos los ingredientes, cubra y deje reposar durante una hora.
- ☑ Colar y endulzar con miel.

37. Té de hojas de frambuesa y hierba gatera

MARCAS: 2

INGREDIENTES
- 1 parte de hojas de frambuesa
- 1 parte de hierba gatera
- 1 parte de cada hoja de menta verde y escutelaria
- flores de caléndula de 1 parte
- una pizca de stevia

INSTRUCCIONES:
- ☑ Coloque todas las hierbas en una bolsita de té, colóquelas en una taza y cúbralas con agua hirviendo.
- ☑ Deje reposar durante 10 minutos. Retire la bolsita de té y agregue el edulcorante.

38. Té de tiempo tranquilo de orégano y bálsamo de limón

MARCAS: 2

INGREDIENTES
- 1 parte de orégano
- 2 partes de manzanilla
- 1 parte de bálsamo de limón
- 1 parte de tomillo limón

INSTRUCCIONES:
- ☑ Coloque todas las hierbas en una bolsita de té.
- ☑ Colóquelo en una taza y cubra con agua hirviendo.
- ☑ Deje reposar durante 10 minutos.
- ☑ Retire la bolsita de té y agregue el edulcorante.

39.Té relajante de bálsamo de limón

MARCAS: 2

INGREDIENTES
- manzanilla 2 partes
- 1 parte de bálsamo de limón
- 1 parte de cáscara de limón
- 1 parte de tomillo

INSTRUCCIONES:
- ☑ Coloque todas las hierbas en una bolsita de té.
- ☑ Colóquelo en una taza y cubra con agua hirviendo.
- ☑ Deje reposar durante 10 minutos.
- ☑ Retire la bolsita de té y agregue el edulcorante.

40. Té calmante de hisopo

MARCAS: 2

INGREDIENTES
- 1 parte de menta
- hisopo de 1 parte
- 1 parte de orégano
- 1 parte de perejil
- 1 parte de bálsamo de limón

INSTRUCCIONES:
- ☑ Coloque todas las hierbas en una bolsita de té.
- ☑ Colóquelo en una taza y cubra con agua hirviendo.
- ☑ Deje reposar durante 10 minutos.
- ☑ Retire la bolsita de té y agregue el edulcorante.

41. Té de bálsamo de limón para el nerviosismo

MARCAS: 2

INGREDIENTES
- 1 ½ onzas de hojas de menta
- 1 ½ onza de hojas de bálsamo de limón

INSTRUCCIONES:
- ☑ Deje reposar durante 10 minutos en 1 taza de agua caliente y cuele.

42.Té de menta para la barriga

MARCAS: 2

INGREDIENTES
- 1 taza de menta seca
- 1 cucharada de romero seco
- 1 cucharadita de salvia seca

INSTRUCCIONES:
- ☑ Triture los ingredientes y mezcle bien.
- ☑ Remoje 1 cucharadita colmada en una taza de agua hirviendo durante 1 minuto.
- ☑ Endulzar con miel.

43. Té de menta y bálsamo de limón

HACE: 1

INGREDIENTES
- 8 onzas de hojas de menta
- 8 onzas de hojas de bálsamo de limón
- 8 onzas de semillas de hinojo

INSTRUCCIONES:
☑ Deje reposar durante 10 minutos en 1 taza de agua caliente; cepa.

44.Té de la Mujer Sabia

MARCAS: 2

INGREDIENTES
- agripalma de 1 parte
- 1 parte de salvia
- 1 parte de hojas de ortiga
- 1 parte de cada una de las hojas de bálsamo de limón y artemisa
- 1 parte de bayas del árbol casto
- cola de caballo de 1 parte

INSTRUCCIONES:
- ☑ Coloque todas las hierbas en una bolsita de té.
- ☑ Colóquelo en una taza y cubra con agua hirviendo.
- ☑ Deje reposar durante 10 minutos.
- ☑ Retire la bolsita de té y agregue el edulcorante.

45. Combinación de valeriana y epilepsia de escutelaria

HACE: 1

INGREDIENTES
- 1 cucharadita de valeriana
- 1 cucharadita de escutelaria
- 1 cucharadita de lúpulo

INSTRUCCIONES:
- ☑ Lleve el agua al punto de ebullición y agregue las hierbas.
- ☑ Cubre la olla con una tapa y déjala reposar durante 5 minutos.

46. Té de manzanilla para la acidez estomacal

MARCAS: 2

INGREDIENTES
- 1 cucharada de manzanilla
- 1 cucharada de menta
- 2 vainas de anís estrellado

INSTRUCCIONES:
- ☑ Hierva las vainas durante 5 minutos y deje reposar la manzanilla y la menta en el té de anís.
- ☑ Beba una taza cada hora durante dos horas antes de acostarse.

47.Té Gingko Biloba Memory Minder

MARCAS: 2

INGREDIENTES
- 1 cucharadita de Gingko Biloba
- 1 cucharadita de Panax Ginseng
- 1 cucharadita de menta

INSTRUCCIONES:
- ☑ Pon a hervir dos tazas de agua.
- ☑ Agregue las hierbas y coloque una tapa hermética sobre la olla durante cinco a diez minutos.
- ☑ Tomar una taza por la mañana y otra taza hacia el mediodía.

48.Té para dormir de lúpulo para bebés

MARCAS: 2

INGREDIENTES
- 1 cucharadita de lúpulo
- 1 cucharadita de manzanilla

INSTRUCCIONES:
- ☑ Coloca 4 tazas de agua en una olla de vidrio o porcelana y deja hervir. '
- ☑ Retira la olla del fuego y agrega las hierbas.
- ☑ Coloque una tapa hermética sobre la olla y déjela reposar durante cinco minutos.
- ☑ Cuele las hierbas.
- ☑ Colocar en una botella de vidrio.

49.Té domador de depresión de mosto

HACE: 1

INGREDIENTES
- 1 cucharadita de hierba de San Juan
- 1 cucharadita de Gingko Biloba

INSTRUCCIONES:
- ☑ Coloca 1 taza de agua en una olla de vidrio o porcelana y deja hervir.
- ☑ Retira la olla del fuego y agrega las hierbas.
- ☑ Coloque una tapa hermética sobre la olla y déjela reposar durante cinco minutos. Cuele las hierbas.
- ☑ Colocar en una taza y endulzar con miel.

50.Té de menta y naranja

MARCAS: 8 PORCIONES
INGREDIENTES:
- 1 naranja sanguina, pelada y segmentada
- 1 bolsita de té de menta
- 4 tazas de agua
- 1/4 taza de concentrado de limonada congelada
- 6 bolsitas de té a elección

INSTRUCCIONES:
- ☑ Lleva el agua al punto de ebullición.
- ☑ Colocar en bolsitas de naranja y té.
- ☑ Déjelo reposar lentamente durante media hora a una hora.
- ☑ Saca la bolsita de té y mézclala con el concentrado de limonada.
- ☑ Beber frío.

51. Té helado de granada

MARCAS: 10 PORCIONES

INGREDIENTES:
- 1/2 granada
- 2 cucharadas de miel
- 4 tazas de agua hirviendo
- 6 bolsitas de té

INSTRUCCIONES:
- ☑ Vierta agua hirviendo sobre las bolsitas de té en una tetera.
- ☑ Cubra y deje reposar durante unos cinco minutos.
- ☑ Coloque la granada y la miel y revuelva hasta que se mezclen.
- ☑ Vierta en un vaso lleno de hielo.

52.Té helado de frambuesa y albahaca

MARCAS: 8 PORCIONES

INGREDIENTES:
- 1 taza de hojas de albahaca fresca
- 1 taza de agua
- 1 libra de frambuesas
- 1/4 taza de néctar de agave
- 8 bolsitas de té
- Cubitos de hielo, para servir

INSTRUCCIONES:
- ☑ Ponga a hervir 6 tazas de agua en una cacerola.
- ☑ Retire del fuego, colóquelo en bolsitas de té y déjelo reposar durante cinco a diez minutos.
- ☑ Coloca las frambuesas en un recipiente. Lleve 1 taza de agua a ebullición.
- ☑ Apagar el fuego y colocar en el néctar de agave y la albahaca.
- ☑ Déjelo reposar durante diez a doce minutos.
- ☑ Viértelo sobre las frambuesas y elimina las hojas de albahaca. Dejar enfriar; Colóquelo en el té preparado.
- ☑ Colóquelo en el refrigerador hasta que esté frío y sirva sobre cubitos de hielo.

53.Té helado de frambuesa y manzanilla

MARCAS: 6 PORCIONES

INGREDIENTES:
- 1 litro de frambuesas frescas
- 1 vaina de vainilla, cortada a lo largo
- 6 bolsitas de té de manzanilla
- 6 tazas de agua hirviendo

INSTRUCCIONES:
- ☑ Coloque las bolsitas de té y la vaina de vainilla en una jarra.
- ☑ Colóquelo en agua hirviendo y déjelo reposar durante unos cinco minutos.
- ☑ Saca las bolsitas de té.
- ☑ Haga puré de frambuesas en su licuadora y tamice para quitar las semillas.
- ☑ Coloca el puré de frambuesa en tu té.
- ☑ Servir frío.

54. Té helado de uva y frambuesa

MARCAS: 8 PORCIONES

INGREDIENTES:

- Botella de 16 onzas de bebida tierna de naranja, fría
- 1 taza de frambuesas
- 1 lima, cortada
- 2 bolsitas de té tamaño familiar
- 3 tazas de jugo de uva
- 4 tazas de agua

INSTRUCCIONES:

- ☑ Procese las frambuesas en su procesador de alimentos.
- ☑ Vierta el puré de frambuesa por un colador fino.
- ☑ Ponga a hervir 4 tazas de agua en una cacerola.
- ☑ Apagar el fuego y colocar en bolsitas de té.
- ☑ Deje reposar durante unos cinco minutos.
- ☑ Deshazte de las bolsitas de té.
- ☑ Colóquelo en puré de frambuesa, jugo de uva, lima y una bebida de naranja. Revuelva bien.
- ☑ Cubra y enfríe durante la noche. Servir frío.

55.Refresco de hibisco y frambuesa

MARCAS: 8 PORCIONES

INGREDIENTES:
- 1/2 tazas de néctar de agave
- 2 tazas de sidra de manzana espumosa, fría
- 4 tazas de agua hirviendo
- 8 bolsitas de té de hibisco

INSTRUCCIONES:
- ☑ Vierta agua hirviendo sobre las bolsitas de té. empinado durante unos diez minutos.
- ☑ deshazte de las bolsitas de té.
- ☑ Incorpora el néctar de agave.
- ☑ Enfriar hasta que esté listo para servir.
- ☑ Vierta la sidra espumosa; servir sobre cubitos de hielo.

56.Té helado espumoso de arándanos

MARCAS: 12 PORCIONES
INGREDIENTES:
- 4 tazas de agua
- 2 bolsitas de té
- 3 tazas de jugo de arándano fresco
- 4 tazas de agua con gas
- Tiras de piel de naranja, para decorar
- 1/2 taza de jarabe de arce

INSTRUCCIONES:
- ☑ Ponga a hervir 4 tazas de agua.
- ☑ Colocar en jarabe de arce, revolviendo periódicamente hasta que se disuelva.
- ☑ Vierta agua de arce sobre las bolsitas de té.
- ☑ Déjelo reposar durante unos cinco minutos.
- ☑ Deshazte de las bolsitas de té.
- ☑ Colóquelos en jugo de arándano y déjelos enfriar.
- ☑ Vierta agua con gas, divídala en vasos para servir y decore con cáscara de naranja.

57. Té helado de manzana espumoso

MARCAS: 6 PORCIONES

INGREDIENTES:
- 1 taza de agua hirviendo
- 1/4 taza de agua con gas
- 2 bolsitas de té verde
- 3 ramitas de menta
- 3/4 taza de jugo de manzana Cubitos de hielo

INSTRUCCIONES:
- ☑ Remoje las bolsitas de té en agua hirviendo durante unos cinco minutos.
- ☑ Saca las bolsitas de té.
- ☑ Coloca el resto de los ingredientes. Servir frío.

58. Té de manzana espumoso

MARCAS: 12 PORCIONES

INGREDIENTES:
- 1/2 taza de miel de abeja
- 3 tazas de jugo de manzana fresco
- 4 tazas de agua hirviendo
- 4 tazas de agua con gas
- 4 bolsitas de té
- Rodajas de manzana, para decorar

INSTRUCCIONES:
- ☑ Mezcla agua hirviendo con bolsitas de té. Déjelo reposar durante unos minutos.
- ☑ Deshazte de las bolsitas de té y mézclalas con miel y jugo de manzana.
- ☑ Colóquelo en agua con gas.
- ☑ Sirva adornado con rodajas de manzana.

59.Té espumoso de arándanos

MARCAS: 6 PORCIONES

INGREDIENTES:
- 1/2 taza de néctar de agave
- 3 tazas de jugo de arándanos
- 4 tazas de agua con gas
- 6 tazas de agua hirviendo
- 6 bolsitas de té verde

INSTRUCCIONES:
- ☑ Vierta agua hirviendo sobre las bolsitas de té.
- ☑ Déjelo reposar durante cinco a diez minutos.
- ☑ deshacerse de las bolsitas de té; Colóquelos en néctar de agave y jugo de arándanos.
- ☑ Revuelva hasta que se mezcle y lleve a la nevera para que se enfríe.
- ☑ Colocar en agua con gas.
- ☑ Servir frío.

60.Té verde fresa

MARCAS: 6 PORCIONES

INGREDIENTES:
- 1 taza de fresas frescas
- 1/4 taza de jugo de limón
- 4 bolsitas de té verde
- 4 tazas de agua hirviendo

INSTRUCCIONES:
- ☑ Vierta agua hirviendo sobre las bolsitas de té en una jarra.
- ☑ Dejar actuar unos cinco minutos.
- ☑ Saca las bolsitas de té.
- ☑ Colocar en jugo de limón y llevar a la nevera para que se enfríe.
- ☑ Haga puré de fresas en un procesador de alimentos o en una licuadora.
- ☑ Tamizarlas para quitar las semillas de fresa.
- ☑ Coloca el puré de fresa en el té frío.

61. Té helado de fresa y limón

MARCAS: 10 PORCIONES

INGREDIENTES:
- 1 taza de jugo de limón fresco
- 1 taza de fresas
- 1/2 taza de sirope de agave
- 10 bolsitas de té
- 3 tazas de agua con gas
- Bayas para brochetas

INSTRUCCIONES:
- ☑ Ponga a hervir 10 tazas de agua. Apaga el fuego y colócalo en bolsitas de té.
- ☑ déjalo reposar
- ☑ Vierte el té en una jarra y déjalo enfriar.
- ☑ Coloca las fresas y el jugo de limón en una licuadora; hacer puré bien.
- ☑ Cuela la mezcla de puré para eliminar las semillas de fresa.
- ☑ Coloque el puré de fresa en el té en la jarra. Incorpora el jarabe de agave y el agua con gas.
- ☑ Revuelva para mezclar bien.
- ☑ Adorne con brochetas de frutas.

62.Té de fresa y mandarina

MARCAS: 8 PORCIONES

INGREDIENTES:
- 1 lata de concentrado de limonada congelada
- 2 tazas de fresas, peladas y cortadas
- 3 mandarinas, peladas
- 8 bolsitas de té negro

INSTRUCCIONES:
- ☑ Vierta 8 tazas de agua hirviendo sobre bolsitas de té en una jarra.
- ☑ Déjelo reposar durante unos minutos,
- ☑ Haga puré de fresas y mandarina en su licuadora hasta que la mezcla esté suave.
- ☑ Coloque esta mezcla de puré en el té remojado.
- ☑ Coloque en el concentrado de limonada y revuelva hasta que se mezclen.

63.Té de naranja de verano

MARCAS: 4 PORCIONES

INGREDIENTES:
- 1/4 taza de crisantemos secos
- 3 rodajas de naranja
- 4 tazas de agua hirviendo
- Jarabe de agave

INSTRUCCIONES:
- ☑ Coloca los crisantemos y las rodajas de naranja en una olla de cerámica.
- ☑ Vierta agua hirviendo y cubra con una tapa.
- ☑ Déjalo reposar durante cinco minutos. Incorpora el jarabe de agave.
- ☑ Colóquelo en el refrigerador hasta que esté frío y sírvalo frío o con hielo.

64. Té helado de mandarina y lavanda

MARCAS: 12 PORCIONES

INGREDIENTES:
- 1 ½ cucharadita de lavanda seca
- 1 mandarina, pelada y cortada
- 8 tazas de agua
- 8 bolsitas de té
- Miel

INSTRUCCIONES:
- ☑ Lleva el agua a ebullición.
- ☑ Colóquelo en bolsitas de té y déjelo reposar durante 5 minutos; cuela el té en una jarra.
- ☑ Coloca el resto de los ingredientes.
- ☑ Deje enfriar y sirva sobre hielo picado.

65.Té helado de mandarina y fresa

MARCAS: 6 PORCIONES

INGREDIENTES:
- 1 taza de jugo de granada
- 4 bolsitas de té de hierbas de fresa
- 6 tazas de agua
- 6 bolsitas de infusión de mandarina
- Cubos de hielo
- Fresas, para decorar

INSTRUCCIONES:
- ☑ Vierta agua en una olla y llévela a ebullición.
- ☑ Colóquelas en las bolsitas de té y déjelas reposar durante aproximadamente media hora. deshacerse de las bolsitas de té.
- ☑ Mueve el té a una jarra.
- ☑ Coloque el jugo de granada y revuelva hasta que se mezclen.
- ☑ Endulza tu té y sírvelo cubierto con fresas.

66. Té helado de lima y pepino

MARCAS: 8 PORCIONES

INGREDIENTES:
- 1/2 taza de pepino, cortado
- 1/4 taza de miel de flores silvestres
- 2 limas
- 8 tazas de agua hirviendo
- 5 bolsitas de té

INSTRUCCIONES:
- ☑ Vierta agua hirviendo en una jarra.
- ☑ Coloca el resto de los ingredientes.
- ☑ Colóquelo en el refrigerador durante 2 horas o hasta que los sabores se hayan infundido.
- ☑ Servir frío.

67.Té helado de lima

MARCAS: 10 PORCIONES

INGREDIENTES:
- Lata de 6 onzas de concentrado de lima
- 1 taza de hojas de menta, sin apretar
- 3 tazas de agua hirviendo
- 4 tazas de agua fría
- 4 bolsitas de té

INSTRUCCIONES:
- ☑ Vierta agua hirviendo en una cacerola para cocinar.
- ☑ Colóquelo en bolsitas de té y hojas de menta fresca.
- ☑ Deje reposar durante 10 minutos.
- ☑ Deshazte de las bolsitas de té y las hojas de menta.
- ☑ Agregue el edulcorante de su elección.
- ☑ Colocar en 4 tazas de agua fría y concentrado de lima.
- ☑ Sirva sobre cubitos de hielo.

68.Té verde mango

MARCAS: 4 PORCIONES

INGREDIENTES:
- 1 taza de néctar de mango
- 1 taza de té verde
- 1 ramita de salvia
- Astillas de mango, para decorar

INSTRUCCIONES:
- ☑ Mezcle té, salvia y néctar de mango en una jarra.
- ☑ Sirva sobre hielo adornado con rodajas de mango.

69.Té de arce y frambuesa

MARCAS: 10 PORCIONES

INGREDIENTES:
- 1/2 taza de mezcla de limonada en polvo
- 1 taza de frambuesas frescas
- 1 galón de agua
- 2 cucharadas de jarabe de arce
- 3 bolsitas de té

INSTRUCCIONES:
- ☑ En una cacerola, hierva el agua.
- ☑ Colocar en bolsitas de té y frambuesas.
- ☑ Deje reposar esta mezcla durante unos cinco minutos; saca las bolsitas de té.
- ☑ Coloque en la mezcla de jarabe de arce y limonada y revuelva bien.
- ☑ Enfriar y servir sobre cubitos de hielo.

70.Té de arándanos de mamá

MARCAS: 12 PORCIONES

INGREDIENTES:
- Lata de 12 onzas de concentrado de jugo de arándano
- 1 galón de agua
- 13 bolsitas de té

INSTRUCCIONES:
- ☑ Lleve el agua a ebullición en una olla.
- ☑ Colóquelo en bolsitas de té y déjelo reposar durante unos minutos.
- ☑ Vierta el jugo de arándano y revuelva hasta que se mezclen.
- ☑ Endulza con néctar de agave y sirve frío.

71.Té helado tropical

MARCAS: 12 PORCIONES

INGREDIENTES:
- 1 taza de jugo de naranja fresco
- 1 taza de piña
- 1/2 taza de sirope de agave
- 12 tazas de agua hirviendo
- 12 bolsitas de té
- 3 tazas de refresco de limón

INSTRUCCIONES:
- ☑ Coloque agua hirviendo y bolsitas de té en una tetera;
- ☑ Déjelo reposar.
- ☑ Colocar en el frigorífico hasta que esté frío.
- ☑ Coloca el jugo de piña y naranja en tu licuadora.
- ☑ Haga puré hasta que la mezcla esté uniforme y suave.
- ☑ Coloque el puré de piña en la jarra.
- ☑ mezcle el jarabe de agave y el refresco de limón.
- ☑ Revuelva y sirva frío.

72.Té de vainilla y jazmín

MARCAS: 8 PORCIONES

INGREDIENTES:
- 1 vaina de vainilla, cortada a lo largo
- 1/2 taza de jugo de naranja
- 1/3 taza de miel
- 12 bolsitas de té de jazmín verde
- 4 tazas de agua fría
- 4 tazas de agua hirviendo

INSTRUCCIONES:
- ☑ Coloque las bolsitas de té y la vaina de vainilla en agua hirviendo durante dos o tres minutos.
- ☑ Saca las bolsitas de té y vierte el té en una jarra.
- ☑ Agrega el jugo de naranja y la miel; revuelve hasta que la miel se disuelva.
- ☑ Colocar en 4 tazas de agua fría.
- ☑ Servir frío.

73.Té solar helado de cítricos

MARCAS: 4 PORCIONES

INGREDIENTE

- 2½ taza de jugo de naranja
- 4 bolsitas de té Red Zinger
- 4 tazas de agua
- 1 lima
- 1 limón
- ¼ de taza de almíbar simple frío
- 1 naranja ombligo; rebanado

INSTRUCCIONES:

- ☑ Llene una bandeja para cubitos de hielo con jugo de naranja y congélela, sin tapar, hasta que esté sólida, aproximadamente 4 horas.
- ☑ En una jarra combine las bolsitas de té y el agua y deje reposar el té durante 4 horas.
- ☑ Retire las bolsitas de té y enfríe el té, tapado, hasta que esté frío, 30 minutos.
- ☑ Corta la mitad del limón y la lima en rodajas y exprime las mitades restantes en el té.
- ☑ Sirva el té sobre cubitos de hielo de jugo de naranja en vasos altos.

74.Té helado de jengibre y piña

MARCAS: 4 PORCIONES

INGREDIENTES:
- 1 taza de jugo de piña sin azúcar
- 2 cucharadas de jugo de lima
- 3 cucharadas de jengibre fresco, picado
- 3 cucharadas de miel
- 4 tazas de agua
- 4 bolsitas de té

INSTRUCCIONES:
- ☑ En una cacerola, hierva el agua.
- ☑ Apaga el fuego.
- ☑ Colocar en las bolsitas de té y dejar reposar durante 5 minutos.
- ☑ deshazte de tus bolsitas de té; Colocar el resto de los ingredientes.
- ☑ Enfríe durante unas horas antes de servir.

75. Té de hibisco y granada

MARCAS: 8 PORCIONES

INGREDIENTES:
- 1 taza de néctar de granada
- 1/4 taza de té de hibisco suelto
- 4 tazas de agua hirviendo
- 4 tazas de agua fría
- Gajos de naranja, para decorar

INSTRUCCIONES:
- ☑ Remoje el té de hibisco en agua hirviendo durante unos cinco minutos.
- ☑ Cuela el té y viértelo en una jarra.
- ☑ Mezclar con néctar de granada y agua fría.
- ☑ Colóquelo en su refrigerador hasta que esté frío.
- ☑ Sirva sobre hielo, adornado con gajos de naranja.

76. Té de jazmín con leche de almendras

MARCAS: 8 PORCIONES

INGREDIENTES:
- 8 bolsitas de té de jazmín
- Rodajas de lima, para decorar
- 1/4 taza de miel
- 1/4 taza de crema espesa
- 1/4 taza de leche de almendras sin azúcar

INSTRUCCIONES:
- ☑ Lleve 6 tazas de agua a ebullición y colóquelas en las bolsitas de té.
- ☑ Apague el fuego y deje reposar el té durante unos cinco minutos.
- ☑ Coloque en miel, crema espesa y leche de almendras.
- ☑ Adorne con rodajas de lima.
- ☑ Sirve el té sobre hielo picado.

77.Té helado de menta y rúcula

MARCAS: 1 porcion

INGREDIENTES:
- 1 cucharada de sirope de agave
- 1 cucharada de jugo de limón fresco
- 1/2 taza de té verde preparado, frío
- 4 hojas tiernas de rúcula
- 6 hojas de menta

INSTRUCCIONES:
- ☑ En un vaso, mezcle el jugo de lima con hojas de rúcula, hojas de menta y sirope de agave.
- ☑ Vierta un té frío.
- ☑ Revuelva y sirva frío.

78.Té de Cayena

MARCAS: 1

INGREDIENTES:
- 1/8 cucharadita de cayena en polvo
- 1 cucharada de jugo de limón fresco
- 1 cucharadita de miel cruda
- 1 taza de agua hervida

INSTRUCCIONES:
- ☑ Coloca el polvo de cayena en una taza.
- ☑ Vierte el agua sobre él. Revuelva inmediatamente
- ☑ Agrega el jugo de limón y la miel. Revuelve nuevamente para mezclarlo todo.
- ☑ Enfriar y luego beber.

79.té de malasia

MARCAS: 8 PORCIONES

INGREDIENTES:
- 8 tazas de agua hirviendo
- 4 Bolsas de té verde o
- 8 cucharaditas de hojas de té verde sueltas
- ½ cucharadita de canela
- ¼ cucharadita de cardamomo molido
- 2 cucharadas de azúcar

INSTRUCCIONES:
- ☑ Coloque todos los ingredientes en una tetera y déjelos reposar durante 2 minutos.
- ☑ Servir solo o con almendras fileteadas.

80. Té de canela y caramelo

MARCAS: 1 PORCION

INGREDIENTES:
- 1 taza de té caliente
- 2 caramelos duros de caramelo
- 1 cucharada de miel
- ½ cucharadita de jugo de limón
- 1 rama de canela

INSTRUCCIONES:
- ☑ Revuelva hasta que los dulces se derritan o retire los trozos restantes antes de beber.

81.Té de naranja y nuez moscada

MARCAS: 1 PORCION

INGREDIENTES:
- 1 taza de té instantáneo en polvo
- 1 taza de azúcar
- 0,15 onzas de mezcla para bebida con sabor a naranja
- 1 cucharadita de nuez moscada molida

INSTRUCCIONES:
- ☑ En un tazón, combine todos los ingredientes; revuelva hasta que esté bien mezclado.

82.Té de Saigón

MARCAS: 4 PORCIONES

INGREDIENTES:
- 2 cucharadas de té
- 4 tazas de agua hirviendo
- Rodajas de limón
- 12 dientes enteros
- 12 bayas de todas las especias
- Rama de canela de 2 pulgadas

INSTRUCCIONES:
- ☑ Coloca el té en una olla caliente; agregue agua.
- ☑ Agrega el clavo, la pimienta de Jamaica y la canela; déjelo reposar durante 5 minutos.
- ☑ Vierta a través de un colador sobre hielo en vasos altos.
- ☑ Adorne con limón.

83.té masala

MARCAS: 8 PORCIONES

INGREDIENTES:
- 6 tazas -Agua fría
- ⅓ taza de leche
- Canela en rama de 3"
- 6 cardamomos verdes, enteros
- 4 dientes, enteros
- 12 granos de pimienta negra
- 12 cucharaditas de azúcar
- 9 bolsitas de té de pekoe de naranja

INSTRUCCIONES:
- ☑ Combine el agua y la leche en una cacerola y deje hervir.
- ☑ Agrega las especias y el azúcar.
- ☑ Revuelva para mezclar y apague el fuego.
- ☑ Tapa la cacerola y deja que las especias se remojen durante 10 minutos.
- ☑ Agregue las hojas de té o las bolsitas de té y deje que el agua hierva por segunda vez.
- ☑ Reduzca el fuego y cocine a fuego lento, tapado, durante 5 minutos.
- ☑ Cuela el té en una tetera caliente y sírvelo inmediatamente.

84.té ruso

MARCAS: 6 PORCIONES

INGREDIENTES:
- 2 tazas de espiga
- ¾ taza de té instantáneo natural
- 1 taza de azúcar
- 1 cucharadita de canela
- 3 onzas de mezcla de limonada Country Time
- ½ cucharadita de clavo
- ½ cucharadita de pimienta de Jamaica

INSTRUCCIONES:
- ☑ Mezclar todo.
- ☑ Utilice 2 cucharaditas colmadas por taza de agua caliente.

85.chai kurdi

MARCAS: 4 PORCIONES

INGREDIENTES:
- 1 cucharada de hojas de té indio
- 1 canela; palo
- agua hirviendo
- Cubos de azúcar

INSTRUCCIONES:
- ☑ Coloca el té y la canela en una tetera y vierte el agua hirviendo.
- ☑ Déjalo reposar durante 5 minutos.
- ☑ Servir caliente con terrones de azúcar.

86.Té helado de pera y canela

MARCAS: 6 PORCIONES

INGREDIENTES:
- ½ taza de jugo de pera sin azúcar
- 1 rama de canela
- 1 cucharada de jugo de limón
- 2½ cucharadas de néctar de agave
- 2 cucharadas de jengibre fresco, picado
- 6 bolsitas de té negro
- 6 tazas de agua

INSTRUCCIONES:
- ☑ En una cacerola, hierva el agua.
- ☑ Apagar el fuego y colocar en la ramita de canela y las bolsitas de té.
- ☑ Déjelo reposar durante cinco a siete minutos.
- ☑ Deshazte de las bolsitas de té y colócalas en el resto de los ingredientes.
- ☑ Enfríe durante 2 horas antes de servir.

87.Té de naranja con clavo y nuez moscada

MARCAS: 20 PORCIONES

INGREDIENTES:
- 1 cucharadita de clavo molido
- 1/4 taza de mezcla para bebida con sabor a naranja
- 1/4 taza de té instantáneo en polvo con sabor a limón
- 1/4 cucharadita de nuez moscada molida

INSTRUCCIONES:
- ☑ Mezclar todos los ingredientes.
- ☑ Pasar a un lanzador
- ☑ Vierta agua hirviendo sobre él.
- ☑ ¡Sirva caliente o frío!

88. Spritzer de semillas de chía y coco

MARCAS: 2

INGREDIENTES
- 1 taza de té de coco y chía
- 1 taza de agua mineral
- 4 gotas de stevia

INSTRUCCIONES:
- ☑ Agregue su té frío preparado a un frasco de vidrio.
- ☑ Agrega el agua mineral y la stevia.
- ☑ Vierta en un vaso lleno de hielo.

89.Té de semillas de eneldo

MARCAS: 1 PORCION

INGREDIENTES
- 1 cucharadita de semillas de eneldo
- 1 taza de agua hirviendo
- Miel

INSTRUCCIONES:
- ☑ Coloque las semillas de eneldo en una bola de té o simplemente colóquelas en una olla y vierta agua hirviendo sobre ellas.
- ☑ Déjelo reposar durante varios minutos.
- ☑ Agrega miel.

90. Té de semillas de cilantro

MARCAS: 1 PORCION

INGREDIENTES
- ½ cucharadita de semilla de cilantro
- 1 cucharada de cilantro fresco
- 1 taza de agua
- 1 cucharadita de té suelto de rosa mosqueta
- 1 cucharada de cóctel de jugo de arándano

INSTRUCCIONES:
- ☑ Tritura el cilantro y coloca en un vaso medidor para 2 tazas.
- ☑ Agrega el cilantro y el té; dejar de lado.
- ☑ Llevar el agua al punto de ebullición; Vierta el agua caliente sobre la mezcla de té.
- ☑ Triture el cilantro contra los lados del vaso medidor.
- ☑ Dejar reposar, tapado, durante 10 minutos.
- ☑ Colar el té; agregue el jugo y sirva.

91.Té de loto caliente

MARCAS: 6 PORCIONES

INGREDIENTES
- 4 tazas de agua
- ½ cucharadita de bicarbonato de sodio
- 1 libra de semillas de loto
- 5 tazas de agua
- 1 taza de azúcar
- 2 huevos

INSTRUCCIONES:
- ☑ Llevar el agua al punto de ebullición; mezcle el bicarbonato de sodio.
- ☑ Vierte el agua caliente sobre las semillas de loto y déjalas reposar durante 8 minutos.
- ☑ Frote las semillas de loto con los dedos hasta descascararlas; enjuagar y escurrir.
- ☑ Hierva el agua restante; luego mezcle el azúcar para que se disuelva.
- ☑ Agregue las semillas de loto y cocine a fuego lento, tapado, durante 1 hora.
- ☑ Batir los huevos y mezclar con la mezcla.
- ☑ Servir caliente.

92. Té de semillas de lavanda e hinojo

MARCAS: 2

INGREDIENTES
- 1 taza de agua
- ½ cucharadita de cogollos de lavanda
- unos pétalos de rosa secos
- 10-12 hojas de menta
- ½ cucharadita de semillas de hinojo

INSTRUCCIONES:
- ☑ Calienta el agua en una tetera o cacerola hasta que empiece a hervir.
- ☑ Agrega capullos de lavanda, pétalos de rosa, semillas de hinojo y hojas de menta a una prensa de café.
- ☑ Agrega el agua caliente.
- ☑ Deje que la mezcla se infunda durante 4 minutos.
- ☑ Presione el émbolo hacia abajo.
- ☑ Sirve el té en una taza.

93. Té carminativo de semillas de hinojo

HACE: 1

INGREDIENTES
- 1 taza de agua
- 1 cucharada de semillas de hinojo

INSTRUCCIONES:
☑ Llevar a ebullición el agua y las semillas de hinojo.
☑ Déjalo reposar durante 15 minutos.

94.Té de manzanilla y alcaravea angélica

MARCAS: 2

INGREDIENTES
- 1 onza de manzanilla
- 2/3 onzas de menta
- 1 onza de semillas de alcaravea
- 2/3 onzas de angélica

INSTRUCCIONES:
- ☑ Remoja la mezcla durante 10 minutos en 1 taza de agua caliente y cuela.

95. Té de rosa mosqueta y semillas de cilantro

MARCAS: 1 PORCION

INGREDIENTES:
- ½ cucharadita de semilla de cilantro
- 1 cucharada de cilantro fresco
- 1 taza de agua
- 1 bolsita de té de rosa mosqueta
- 1 cucharada de cóctel de jugo de arándano

INSTRUCCIONES:
- ☑ Tritura el cilantro y coloca en un vaso medidor para 2 tazas.
- ☑ Agrega el cilantro y el té; dejar de lado.
- ☑ Llevar el agua al punto de ebullición; Vierta el agua caliente sobre la mezcla de té.
- ☑ Triture el cilantro contra los lados del vaso medidor; empinado durante 10 minutos.
- ☑ Colar el té; agregue el jugo y sirva.

96. Alivio especiado de semillas de anís

MARCAS: 2

INGREDIENTES:
- 1 cucharadita de semillas de anís, trituradas
- 2 ramas de canela
- 1 pulgada de jengibre, en rodajas
- Miel
- 2 cucharaditas de equinácea seca y suelta

INSTRUCCIONES:
- ☑ Combine las especias y la Equinácea en una olla con tres tazas de agua.
- ☑ Llevar a ebullición y luego cocinar a fuego lento durante 18 minutos.
- ☑ Colar en una taza y agregar miel.

97.Té con leche de coco

MARCAS: 4 PORCIONES

INGREDIENTES:
- 1/4 cucharadita de nuez moscada rallada
- 3/4 taza de leche de coco entera, espumosa
- 4 tazas de agua hirviendo
- 4 bolsitas de té
- miel de maple

INSTRUCCIONES:
- ☑ Coloque 1 bolsita de té en cada taza. Vierta agua hirviendo sobre su bolsita de té.
- ☑ Déjelo reposar durante unos cinco minutos.
- ☑ Dejar enfriar.
- ☑ Incorpora el jarabe de arce.
- ☑ Vierta leche espumosa sobre el té.
- ☑ Rocíe con nuez moscada rallada.

98. Té curativo de limón y menta

MARCAS: 6 PORCIONES
INGREDIENTES:
- 1½ taza de agua hirviendo
- 3 cucharaditas de té instantáneo
- 6 ramitas de menta
- 1 taza de agua hirviendo
- 1 taza de azúcar
- ½ taza de jugo de limón

INSTRUCCIONES:
- Combine 1-½ tazas de agua hirviendo, té instantáneo y menta.
- Dejar reposar, tapado, durante 15 minutos.
- Combine 1 taza de agua hirviendo, azúcar y jugo de limón.
- Mezcla la segunda mezcla con la mezcla de menta después de colarla.
- Agrega 4 tazas de agua fría.

99. Té de sol con cítricos

MARCAS: 4 PORCIONES
INGREDIENTES:
- 4 cucharadas de té negro
- Hojas de menta; para Decorar
- 3 cucharadas de azúcar granulada
- 6 pulgadas de ramitas de menta
- 4 tazas de agua fría
- Jugo De 1 Limón
- 2 tazas de jugo de naranja fresco
- 1 naranja

INSTRUCCIONES:
- ☑ Combine el té, el agua, el azúcar y la ramita de menta en un recipiente de vidrio.
- ☑ Agite y deje reposar durante 3 horas.
- ☑ Agrega el jugo de naranja y el jugo de limón a la mezcla de té.
- ☑ Colar la mezcla y añadir los trozos de naranja.
- ☑ Enfríe y luego sirva adornado con rodajas de naranja y menta.

100. <u>té de epazote</u>

MARCAS: 1 PORCION

INGREDIENTE
- 2 cuartos de agua hirviendo
- 8 Tallos y hojas de epazote fresco

INSTRUCCIONES:
- ☑ Agrega el epazote al agua hirviendo.
- ☑ Cocine a fuego lento durante 2 minutos.
- ☑ Atender.

CONCLUSIÓN

En conclusión, los tés curativos son una forma maravillosa de mejorar tu bienestar general y disfrutar de bebidas deliciosas y saludables al mismo tiempo. Con una amplia variedad de tés para elegir, cada uno con sus propiedades y sabores únicos, hay algo para todos los gustos. Ya sea que prefiera el té negro, el té verde, el té blanco, el té de hierbas o el té medicinal, puede preparar fácilmente estos tés curativos en casa con ingredientes simples. Entonces, ¿por qué no probar algunas de estas recetas y ver cómo pueden beneficiar su salud y bienestar?

www.ingramcontent.com/pod-product-compliance
Lightning Source LLC
Chambersburg PA
CBHW050356120526
44590CB00015B/1713